TRIBUNAT

RAPPORT

FAIT

AU NOM DE LA SECTION DE L'INTÉRIEUR,

PAR THOURET,

Sur le projet de loi relatif à l'exercice de la médecine.

Séance du 16 Ventose an 11.

TRIBUNS,

Pendant cette commotion violente et générale, qui, en ébranlant l'État jusque dans ses fondemens, avoit renversé toutes ses institutions, les établissemens consacrés aux sciences n'avoient point été respectés; on les avoit vus entraînés dans la ruine commune. Mais, au sein de ces agitations tumultueuses et destructives, la voix impérieuse de la nécessité se fit bientôt entendre. Elle répéta qu'il n'est dans les entreprises humaines rien de grand, rien de solide, rien de durable, sans le concours des sciences; et les arts, dont les besoins même de la révolution firent sentir l'indispensable assistance, furent recherchés avec empressement sous les débris de leurs temples renversés.

Dans ce rappel des sciences, la médecine ne fut point oubliée. De nouveaux asiles furent ouverts pour la recevoir. Telle fut l'origine des trois écoles de santé créées par la loi du 14 frimaire an 3, avec ce caractère de grandeur que la Nation, déployant alors toute sa puissance, imprimoit à ses établissemens.

Ces écoles, dont le succès, attesté par huit années d'expérience, a répondu aux espérances qu'on en avoit conçues, ont mérité d'entrer dans le plan général d'instruction publique, dont l'adoption a été l'un des plus grands bienfaits de la session précédente.

Mais si elles sont organisées avec soin pour répandre l'instruction médicale, elles ne le sont pas sous un autre rapport d'utilité non moins important, je veux dire sous celui des réceptions; et c'est ce nouveau service que nous sommes appelés en ce moment à rendre aux sciences et à la société.

Il seroit superflu de rappeler ici les nombreux abus que l'on avoit reprochés au mode suivi par les écoles anciennes, et qui, pour le plus grand nombre, se rapportant au relâchement de la discipline, ne sont malheureusement que trop communs à toutes les institutions humaines; car c'est leur inévitable destinée de se laisser atteindre par les abus, et de dégénérer à la longue : ces immanquables effets de l'action lente et irrésistible du temps sont hors de la portée du Législateur ; on doit les pardonner aux institutions qui nous ont précédés, comme ils auront besoin de l'être à celles que nous formons.

Mais quelques vices essentiels se faisoient remarquer dans l'organisation médicale ; ils dégradoient ses meilleures institutions ; ils nuisoient plus évidemment encore aux progrès de la science : ces inconvéniens méritent seuls de nous occuper, et ce sera l'un des principaux avantages de la nouvelle loi, de les avoir fait disparoître.

Si nous jetons nos regards sur l'existence de l'art, même dans les derniers temps, nous le verrons partagé en deux professions distinctes, qui, sorties cependant de la même source, reconnoissant la même origine, avoient des conditions très-différentes. L'une, comblée d'honneurs, affectant la suprématie, avait toujours joui paisiblement de ses distinctions, de ses priviléges, c'étoit la médecine ; l'autre (la chirurgie), long-temps dégradée et avilie, commençoit à peine, après les plus longs efforts, et avec un droit égal, à sortir de l'état d'infériorité et de servitude où l'on avoit prétendu la retenir.

Cet état n'avoit point été sa condition première, et l'antiquité l'avoit vue inséparablement liée à la médecine, avec laquelle elle étoit née. Cette alliance qui existoit parmi les Grecs, du temps même du premier fondateur de l'art, subsista jusqu'au sixième ou septième siècle chez les Grecs modernes.

Parmi les Latins, la réunion avoit également eu lieu ; elle duroit encore du temps de Celse, à qui nous devons, sur l'une et l'autre branche, des traités utiles : elle exista de même dans les Gaules, lorsque les Romains y portèrent leurs connoissances avec leurs armes.

A Alexandrie, l'école ignoroit cette distinction de deux médecines occupées séparément des maladies internes et externes; et lorsque les Arabes, après avoir fait éprouver tant de pertes aux sciences, les réparèrent avec tant d'éclat, on vit dans les écoles si florissantes de Bagdad et de Cordoue, la médecine et la chirurgie cultivées en commun par les savans qui s'y distinguèrent, et réunies dans leurs ouvrages.

Ainsi ce n'étoit aucune tradition qui avoit introduit ce partage de l'art en deux branches distinctes, en deux professions séparées; et, aux yeux des personnes qui le blâmoient, l'exemple ne pouvoit le justifier.

Quelle avoit donc été la cause de ce démembrement?

Lorsque l'Italie et les Gaules furent envahies par les barbares, les sciences effrayées se réfugièrent dans les cloîtres, où étoient rassemblés les manuscrits, dépositaires de toutes les connoissances. Le clergé, le seul corps de l'Etat qui fut éclairé, cultiva les lettres. Les premières écoles furent épiscopales; les universités, qui bientôt prirent naissance, furent toutes ecclésiastiques; la médecine y fut accueillie et honorée. L'histoire nous apprend que, dans ces premiers siècles de la monarchie, les médecins de nos rois, de nos universités, etc., étoient dans les ordres et possédoient des bénéfices.

Sans doute l'art de guérir eut à ces premiers hommes de grandes obligations, puisque par leurs soins il ne périt pas dans les ténèbres de la barbarie. Mais le service qu'ils lui rendirent fut incomplet: la médecine fut le seul objet de leurs études, de leurs hommages, et un préjugé digne de ces tems d'ignorance la désunit de l'une de ses parties les plus importantes. La chirurgie fut rejetée de l'association des universités, sous prétexte que l'église abhorroit l'effusion du sang: comme si, suivant la remarque judicieuse qui en a été faite, celui qu'on répand pour la conservation des hommes n'eût pas dû être exempt de cet anathème.

Ainsi furent opérés le démembrement de l'art et la séparation de la chirurgie. Abandonnée aux laïques, qui n'avoient point de lumières, elle dégénéra promptement: aucune considération, aucun lustre, n'appeloient sur elle les regards. Les hommes de talent, repoussés par cet avilissement, portèrent d'un autre côté leurs vues et leurs efforts. Une différence humiliante distinguoit deux professions qui jusqu'alors avoient toujours joui d'un sort égal; et tandis que la médecine, honorée, s'élevoit au sein de la pompe des universités, la chirurgie déshéritée de sa noblesse antique, dépouillée de sa dignité primitive, marchoit humblement, confondue avec les professions mécaniques, sous la bannière des communautés.

Mais, contre cet état de division, luttoit sans cesse la force des choses, puissance à laquelle on ne peut toujours résister.

Aussitôt que la raison se dégageant des ténèbres d'un siècle superstitieux, et s'affranchissant du joug du monachisme, commença à reprendre son empire, la médecine connut mieux la perte qu'elle avoit faite en se séparant de la chirurgie. Alors les médecins s'empressèrent de la cultiver comme une partie du domaine de la science. Dès le quinzième siècle, Lanfranc de Milan, médecin célèbre, la montra telle qu'elle avoit toujours été sous le règne des lumières, intimement réunie à la médecine. Dans le siècle suivant, parut à Montpellier Guy de Chauliac: c'est une des époques les plus brillantes de cette école célèbre. Il mérita le titre de restaurateur de la chirurgie, qu'il professa avec un grand éclat; et son ouvrage devint le guide des chirurgiens.

Mais ce fut sur-tout à la renaissance des lettres, que s'opéra plus particulièrement cette première réhabilitation de la chirurgie. A l'exemple des anciens fondateurs.

de l'art, les médecins de ce temps cultivèrent les connoissances chirurgicales avec le même soin que la médecine. Le goût de l'anatomie, qui se renouveloit alors, ou plutôt cette science qui commençoit à naître, favorisa beaucoup cette révolution. Des observations qu'elle faisoit recueillir, à l'étude et à la pratique de la chirurgie il n'y avoit qu'un pas : c'étoit une route aplanie qu'elle ouvroit ; et parmi les médecins renommés à cette époque, le plus grand nombre, Marc-Aurèle Severin, Fabrice d'Aquapendente, Fallope, Vesale, Columbus, tous noms auxquels se rattache la gloire de la chirurgie moderne, cultivèrent cette science, ou l'illustrèrent par leurs ouvrages.

Déja dans toute l'Italie et dans l'Allemagne, les chirurgiens célèbres étoient des docteurs en médecine. Mais si cette dernière science s'empressoit de venir au secours de la chirurgie qu'elle sentoit le besoin de relever, celle-ci ne faisoit pas moins d'efforts pour se rapprocher de la médecine. Ainsi une tendance mutuelle reportoit naturellement les deux branches l'une vers l'autre ; et sembloit devoir les réunir de nouveau sur la souche commune.

L'impulsion communiquée étoit trop forte pour ne pas faire violence aux préjugés. L'autorité civile seconda en France cette restauration de la chirurgie.

Sous Saint-Louis, les chirurgiens furent réunis en corps académique à Paris ; par les soins de Pitard, premier chirurgien de ce Prince.

Un édit de Philippe-le-Bel défendit l'exercice de cet art à tous autres qu'à ceux qui auroient été examinés, approuvés et licenciés.

Le roi Jean, par un autre édit conçu dans les mêmes termes, réprima le désordre de la chirurgie, exercée par des hommes sans capacité.

Sous François Ier, des lettres d'octroi assurèrent à la

chirurgie et à ceux qui la cultivoient, les mêmes priviléges qu'aux écoliers, docteurs, régens et autres gradués de l'université; priviléges que bientôt après, comme nous le verrons, ils perdirent. Il fut par ces mêmes lettres, ordonné que l'on ne pût parvenir au degré de maître en chirurgie qu'après y avoir été préparé par l'étude des humanités; et à cet effet il fut prescrit que les examens continueroient de se faire en latin.

A la création des académies, en 1666, le gouvernement y appela, lors des premiers choix, plusieurs chirurgiens célèbres; la voix publique les y fit siéger au même rang que les médecins illustres dont ils étoient rapprochés; et, comme on l'a remarqué avec une grande justesse, par un contraste singulier, on y voyoit honorés, comme anatomistes, des hommes que l'on ne regardoit plus que comme des artisans, lorsque, rendus aux fonctions de leur état, on exigeoit d'eux cependant des connoissances plus profondes et plus étendues.

L'établissement du jardin des Plantes ayant été perfectionné sous Louis XIV, on y vit l'école de chirurgie confiée aux soins de Dionis, chirurgien célèbre, dont l'ouvrage, jusqu'à ces derniers temps, a été le livre classique de cet art.

Enfin les talens et la faveur de la Peyronnie, secondés par les travaux et les soins de Jean-Louis Petit, ayant redonné un grand lustre à la chirurgie, elle fut rétablie dans l'état où elle se trouvoit avant 1655. Des places de démonstrateurs furent créées dans le collége de Paris pour l'enseignement de cette science, et l'académie de chirurgie, qui fut alors instituée, contribua sur-tout à rendre à cet art une partie de son ancienne splendeur.

Mais ce n'avoit été que lentement, par degrés, et chaque fois d'une manière incomplète, que ces changemens s'étoient opérés. Si dans quelques-unes de ses parties, la chirurgie avoit recouvré quelque considération, dans beaucoup d'autres elle étoit restée dégradée; et même, au milieu de son plus grand éclat, on appercevoit encore des preuves évidentes de sa dépendance et de son infériorité. En l'élevant d'ailleurs au rang des corps enseignans, on n'avoit pas atteint le but que l'on devoit se proposer. La constituer ainsi, c'étoit toujours la séparer; et l'art ne pouvoit que perdre à cette désunion. La médecine, sans la chirurgie, n'avoit point le complément de tous ses moyens; la chirurgie, sans la médecine, étoit moins rationnelle. Des leçons chirurgicales données dans les facultés avoient le défaut choquant de présenter la science sans la pratique, qui seule peut l'appuyer; dans les écoles de chirurgie, les préceptes sur les affections mixtes et compliquées manquoient du développement nécessaire. Enfin, la chirurgie s'attribuant un domaine beaucoup plus étendu qu'elle ne peut l'avoir par la nature même de ses fonctions, appeloit à ses écoles, par des réceptions plus faciles, un bien plus grand nombre d'élèves qu'elle ne pouvoit en employer, et peuploit ainsi l'état de gens de l'art qui devoient exercer de la chirurgie qu'on leur avoit enseignée, la partie seulement qui à peine en mérite le nom, et pratiquoient ouvertement la médecine qu'ils ne savoient pas, et qu'on ne leur avoit pas apprise.

C'est à ces tentatives toujours incomplètes pour reconstituer l'art, que le projet de loi vous propose de suppléer; c'est le rétablissement de la médecine dans son état d'unité primitive et naturelle, qu'il doit opérer, et, à cet égard, le vœu de tout ce qu'il y a d'hommes instruits sera rempli.

Mais de l'état où la chirurgie avoit été précédemment réduite, il étoit encore résulté un défaut essentiel dans l'organisation constitutive de l'art de guérir, et qui étoit devenu la source d'un grand nombre d'inconvéniens.

Lorsqu'une science a fait de grands progrès, on

aperçoit bientôt l'impossibilité que tous les hommes qui s'y dévouent, puissent, des notions premières qui en ont formé les foibles commencemens, atteindre aux connoissances élevées et nombreuses dont elle s'est enrichie. Alors on sent la nécessité de diviser l'art auquel elle a donné naissance, en deux grandes parties, dont l'une, bornée aux pratiques vulgaires, aux conoissances communes, est le partage du plus grand nombre ; et l'autre réservée aux hommes d'une intelligence supérieure, d'un esprit plus éclairé, cultive ses parties les plus étendues, ou plutôt l'embrasse dans son ensemble.

On a reconnu, dans plusieurs arts, dans plusieurs sciences, la nécessité de ce partage, qui devient plus indispensable dans l'art de guérir que dans tout autre. Mais, sous le régime des universités, on s'étoit étrangement mépris sur les moyens de l'exécuter. Au lieu de l'effectuer dans l'ordre des connoissances plus ou moins élevées que l'ensemble de l'art comporte, c'étoit une des deux branches de la science que l'on avoit cru devoir mettre sous l'empire de l'autre, et la chirurgie avoit été celle que l'on avoit réservée pour la dépendance.

L'état d'abaissement où elle existoit alors, avoit naturellement conduit à ce résultat. Les anciens chirurgiens avoient souffert que les barbiers s'occupassent de quelques-unes de leurs fonctions, connues sous le nom de *chirurgie ministrante* ou *petite chirurgie*. De ce point de rapprochement étoit bientôt dérivée l'association, ou plutôt la fusion des deux communautés ; association contre laquelle la chirurgie s'étoit élevée à plusieurs époques, et sur-tout lors de l'établissement des *chirurgiens lettrés*, ou *de robe longue*. Mais ces efforts avoient été impuissans. Des vues d'intérêt dictèrent en 1665 un contrat d'union entre les chirurgiens et les barbiers, lequel fut homologué. En 1667, un arrêt confirma cette union de la chirurgie avec une profession si différente d'elle, et l'assujétit aux mêmes servitudes.

Dans cet état de choses, l'asservissement de la chirurgie à la médecine fut bientôt consommé. Briguant l'appui nécessaire de la Faculté, les barbiers se rangèrent sous son obéissance. Ils en obtinrent des professeurs qui devoient les initier dans les connoissances de l'art, et, en échange de cette suprématie qu'ils lui donnoient sur la chirurgie, ils en reçurent une protection qui les maintint dans l'exercice des fonctions dont ils s'étoient emparés.

La raison se soulevoit contre des dispositions si peu choquantes. En effet, assujétir la chirurgie à la médecine, c'étoit vouloir comprimer le génie, lui donner des entraves, le tenir courbé, abaissé, contre sa vigueur et sa toute-puissance naturelle. Une telle entreprise pouvoit être consommée, mais son succès ne pouvoit être durable. Les circonstances ayant quelquefois attaché à la chirurgie des hommes d'un esprit supérieur, qui, reconnoissant toute sa dignité, même dans son état d'asservissement, se passionnoient pour elle, on avoit vu, à ces époques, rares à la vérité, le génie chirurgical prendre un libre essor, s'élever à toute la hauteur de la science qui vouloit le dominer, et montrer alors combien sont faibles de vaines prétentions d'intérêt, de vains préjugés contre la nature des choses Alors éclatoit tout le ridicule du prétendu asservissement de la chirurgie à la médecine ; alors paroissoit dans tout son jour l'absurdité de ce système.

Cependant l'intérêt maintenoit cet état de dépendance que réprouvoit la raison. A la cour, le premier valet de chambre du roi avoit attiré à lui toute la juridiction des étuvistes-barbiers. Les chirurgiens suivirent la condition de ces derniers, auxquels ils étoient incorporés, et passèrent bientôt sous la domination du premier chirurgien, dont la charge succéda à celle du premier valet de chambre qui lui avoit été d'abord réunie. Alors il exista un chef de toute la chirurgie et barberie du royaume, ayant son représentant dans tous les colléges de chirurgie, ses lieutenans à la tête de toutes les communautés, et présidant dans cette partie aux réceptions, qui formoient le plus bel apanage, et l'un des principaux revenus de la charge dont il étoit revêtu.

C'est cette absurde organisation qui duroit encore au moment de la révolution, que le Gouvernement vous propose, Citoyens Tribuns, de faire disparoître à jamais, par le projet de loi soumis à votre examen. Après avoir réuni les deux branches d'une seule et même science qui devoient être inséparables, et formé de toutes les parties de l'art de guérir un ensemble complet, le nouveau système en distribue l'exercice en deux parties : l'une vulgaire et commune, l'autre transcendante et supérieure. A l'état ancien qui blessoit les convenances, et que la raison condamnoit, il substitue une disposition qui, en règlant les rangs suivant l'échelle des connoissances, ne distingue que ce qui diffère par l'étendue du savoir, et ne subordonne que ce qui est inférieur par la mesure du talent ; enfin ce système organise tout suivant l'ordre naturel, et fait prendre à l'édifice médical une structure régulière, au lieu de cette forme bizarre et gothique qu'il avoit toujours présentée.

Telles sont les vues principales d'après lesquelles le Gouvernement propose de régulariser l'exercice de l'art de guérir. Mais à ce plan convenable pour l'avenir, et et dont il est si pressant de s'occuper, il n'étoit pas moins nécessaire de rattacher ce qui reste d'utile et de respectable des temps qui ont précédé le régime sous lequel nous vivons. Pendant la révolution même, et sans doute au milieu de beaucoup d'abus intolérables et d'une longue anarchie, plusieurs parties de l'édifice médical se sont assises, qu'il seroit imprudent de renverser. C'est avec les ménagemens convenables qu'il s'agit de fixer ce que présente de compatible avec les intérêts privés, l'intérêt plus puissant de l'ordre social et de la sûreté publique.

Pour l'exécution du plan dont ces vues sont les bases principales, le projet de loi propose des dispositions de divers genres.

Les unes plus particulièrement du ressort de la science, règlent tout ce qui intéresse sous ce rapport la constitution médicale. Tels sont la forme des examens, et le mode des réceptions.

Les hommes auxquels l'exercice de l'art de guérir sera permis, devant être distingués en deux classes, dont les fonctions comme les connoissances seront différentes, il est indispensable qu'ils soient soumis à des épreuves différentes aussi, et qui garantissent que chacun d'eux a le degré de savoir et le talent qui lui convient.

Ceux que le Gouvernement offrira à la confiance publique sous le titre le plus distingué, celui de *docteurs*, comme possédant les connoissances de l'art les plus étendues, seront examinés dans les six écoles spéciales de médecine établies par la loi du 11 floréal dernier. Cinq examens embrassant l'ensemble de la science, et terminés par un acte public, donneront une garantie assurée de leur savoir. Ces épreuves seront faites avec la sévérité convenable ; et, à cet égard, les dispositions si sages de l'édit de 1707 seront conservées dans tout ce qu'elles ont d'applicable au régime actuel. Deux des examens seront soutenus en latin, disposition également utile et honorable à l'art de guérir ; utile, parce qu'abolir l'usage de cultiver cette belle langue en médecine, ce seroit fermer l'accès aux principales sources des connoissances médicales ; honorable, parce que c'est un hommage rendu à la médecine, qui a conservé à cette langue commune des savans les derniers appuis qui lui soient restés.

Dans le cours de ces examens, le plus grand nombre des épreuves seront les mêmes pour tous ceux qui s'y présenteront. La dernière seule a paru devoir être différente, quoique, pour ceux qui ont une connoissance approfondie de la nature de l'art, de l'intime connexion de toutes ses parties, de leur dépendance mutuelle, cette distinction pût être regardée comme inutile. Mais on a considéré que sur ce point l'opinion n'étoit pas encore suffisament formée, et que l'état de choses auquel amenera sans doute le nouveau système médical n'est point encore arrivé. Une nuance particulière entre ceux qui cultivent l'ensemble de l'art, a donc paru au moins avantageuse, si elle n'étoit pas nécessaire. D'ailleurs l'exercice de la médecine externe demandant, outre un grand savoir, commun à tous ceux qui s'y dévouent, deux qualités indispensables à ceux qui se livreront aux opérations, savoir, la fermeté de l'ame et la dextérité de la main, on est fondé à exiger de ces derniers une garantie suffisante, qu'ils réunissent ces conditions. Une distinction a donc paru utile et convenable entre le titre de *Docteur en médecine* et celui de *Docteur en chirurgie* ; et ces motifs l'ont fait adopter.

La classe de ceux qui se contenteront du titre d'*Officiers de santé* devoit être traitée moins rigoureusement. Bornés aux soins les plus ordinaires, aux procédés les plus simples de l'art, ils porteront les premiers secours aux malades, aux blessés, traiteront les affections les moins graves, s'occuperont des pansemens communs et journaliers : et leur science principale devant consister à reconnoître les cas où ils ne doivent pas agir, ils formeront sans doute une classe moins relevée dans la hiérarchie médicale. Mais pour être moins distingués, ils n'en seront pas moins utiles. C'est à porter des secours dans les campagnes, c'est à soigner le peuple industrieux et actif qu'ils seront spécialement appelés; la partie la plus nombreuse des familles, la classe la plus étendue de la population de l'Etat, seront confiés à leurs soins; leurs fonctions seront plus modestes, mais non moins importantes, et l'utilité réelle de leur ministère compensera, aux yeux du philosophe et de l'homme instruit, ce qu'il aura d'humble et d'obscur pour la multitude.

Des hommes aussi précieux devoient être appelés en grand nombre à ces respectables fonctions; des sacrifices moins onéreux, des épreuves moins embarrassantes, devoient être exigés de ceux que leur dévouement ou leur goût porteroit à les embrasser. Le projet de loi a pourvu à ce besoin généralement reconnu de la société.

La facilité de s'instruire par l'exemple, par cette éducation domestique, qui, pour les connoissances communes n'est point à dédaigner, leur épargnera des frais d'études. Les hôpitaux leur seront ouverts, et deviendront pour eux des écoles secondaires, semblables à celles qui se forment avec une émulation si louable pour les lycées nouvellement institués. Plusieurs années d'exercice dans ces établissemens ou près des maîtres, leur tiendront lieu de l'instruction puisée dans les grandes écoles, où la plupart, cependant, viendront sans doute perfectionner leurs connoissances et prendre une idée de la grandeur de l'art.

Le séjour dispendieux des villes ne leur sera pas seulement épargné pour leur instruction; des voyages, non moins coûteux pour leurs réceptions leur seront évités. Un jury formé par département ouvrira, chaque année à une époque fixe, des examens. Des épreuves moins multipliées y seront exigées pour s'assurer de leurs connoissances, qui ne pourront être étendues. Les jurys formés des hommes de l'art les plus recommandables du département, remplaceront ces nombreuses et obscures communautés, où le droit de recevoir des élèves étant acheté, et devenant le patrimoine de celui qui l'exerçait, on trafiquait de la vie des hommes.

Un commissaire choisi parmi les professeurs des six écoles fera toujours partie des jurys : ainsi on rattachera à quelques centres communs tous les hommes des différentes classes qui se dévoueront au soulagement de leurs semblables, et l'on aura dans ces grands corps des régulateurs de la science, et des conservateurs nés de sa police et de sa dignité.

En déterminant ainsi les conditions auxquelles la liberté d'exercer l'art de guérir sera accordée, on a eu soin de les modifier pour tous ceux qui, placés dans une position particulière, devoient mériter quelque exception.

Ainsi tous les médecins et chirurgiens anciennement reçus continueront d'avoir le droit d'exercer l'art de guérir, comme par le passé; l'exhibition de leur titre, l'inscription sur une liste ancienne, ou, au défaut de l'un de ces deux moyens, une attestation dans une forme déterminée, leur conservera leur profession, et, sous ce double rapport, il en sera de même pour ceux qui dans les départemens réunis, pratiquaient en vertu de titres obtenus, avant la réunion, dans les universités étrangères.

Après cette classe dont les droits sont les mieux établis, plusieurs autres ont paru mériter aussi des exceptions.

A l'époque de la suppression des corps enseignans,

un grand nombre d'élèves se trouvoient en état et dans l'intention de se faire examiner. Plusieurs autres ayant suivi les nouvelles écoles, et privés, par le manque d'examens ouverts, des moyens de s'y faire recevoir, sont allés, comme les premiers, fixer leur résidence dans toute l'étendue de la France. Une possession d'état pendant plusieurs années, fondée sur la confiance publique, a paru devoir être respectée. On n'auroit pu voir, dans des enquêtes contre ces citoyens, que des mesures trop rigoureuses et injustes, en ce qu'elles les tourmenteroient pour un défaut de formalités qu'il n'étoit point en leur pouvoir de remplir. L'appel fait à tant d'hommes paisibles pour venir se présenter à des examens eût porté le trouble dans un grand nombre de familles : on a pensé que de tels intérêts devoient être ménagés, et une attestation d'établissement formé depuis trois ans, donnée avec les précautions convenables pour éviter la fraude, a paru une mesure que la justice et le bon ordre devoient dicter.

Mais on n'épargnera point cette tourbe nombreuse et ignorante qui, dans ces dernières années, depuis qu'il a été question d'organiser les réceptions, connoissant sa nullité, et redoutant l'époque des épreuves, s'est répandue dans les départemens ; d'autant moins excusable, que des moyens provisoires de prouver sa capacité étant depuis trois ans établis par le Gouvernement dans les écoles de médecine actuelles, ils ne peuvent, comme les premiers, alléguer la non existence de toute forme d'examen.

La constitution médicale étant ainsi établie, il falloit la coordonner avec le système administratif : des dispositions particulières règleront cet objet.

L'enregistrement des titres dans les tribunaux d'arrondissement, et dans les bureaux des sous-préfectures, la formation de listes dressées en conséquence de ces inscriptions, et transmises tous les ans au Gouvernement, sont autant de mesures prescrites par le titre IV du projet de loi.

Ces listes, différentes pour les différentes classes des gens de l'art, pour les médecins et chirurgiens anciennement reçus, pour ceux établis sans acte légal, mais ayant possession d'état, pour les nouveaux docteurs et officiers de santé, désigneront aux citoyens les hommes dignes de leur choix, et les degrés de confiance qu'ils mériteront. Ces mesures empêcheront en même tems l'introduction nouvelle de tout individu non reçu, de ces hommes qui n'ont d'autre espérance de fortune que leur audace et la crédulité du peuple. Elles feront sur-tout connoître le nombre et les habitudes de ceux qui se dévoueront à l'art de guérir; elles fourniront les moyens de surveiller et de limiter cette classe, qui, par une multiplication désordonnée, détruisant ses propres moyens d'existence, languit bientôt dans la détresse, et finit par se dégrader en se plongeant dans la fange de l'ignorance.

Par d'autres dispositions, on a pourvu aux moyens de subvenir aux dépenses des établissemens que ce nouvel ordre de choses doit comporter. Une rétribution exigée des élèves, et proportionnée aux avantages que leur procurera le titre qu'ils auront obtenu, dotera les jurys, les écoles, et soulagera le trésor public. L'émulation ne peut que s'accroître par cette mesure dans le sein des écoles; l'attachement des élèves ne pourra qu'augmenter aussi pour l'objet de leurs études, par l'effet de ce sentiment si naturel à l'homme, qui lui fait mettre de la valeur et de l'importance aux choses, en proportion du prix qu'elles lui coûtent.

Enfin, pour cimenter toutes les parties de ce système, pour fortifier les liens de cette nouvelle institution, des mesures répressives, des dispositions pénales sont indiquées. Elles auront sur-tout l'avantage de faire cesser des abus dont gémissent toutes les parties de la France ; qui sont plus graves encore qu'ils ne sont nombreux, et contre lesquels les préfets de la plupart des départemens avoient en vain employé des moyens de rigueur que rendoit impuissans le défaut d'accord et d'autorité.

Tribuns, après une affreuse anarchie, pendant le long silence des lois, le désordre a gagné de toutes parts, et s'est établi dans le domaine de l'art de guérir. Des hordes d'empiriques assiégent les places dans les cités, se répandent dans les bourgs, dans les campagnes, et portent par-tout la désolation et l'effroi. Vous ferez cesser cette calamité publique; vous mettrez un terme au brigandage qui règne. A sa place, vous établirez la puissance salutaire de cet art, qui, soit par son ancienneté, soit par l'importance et la dignité de son objet, soit par son utilité, ne le cède à aucun autre; qui né, comme l'agriculture, des premiers besoins des hommes, offre, comme elle, une des premières sciences dont ils aient ébauché les élémens; qui, dévoué tout entier à l'étude de la nature dans son plus parfait ouvrage, recherche les parties si cachées de son organisation, et les ressorts secrets qui le font agir et penser; qui, se liant à toutes les branches de l'administration, instruit l'homme d'Etat sur les divers objets de salubrité publique, poursuit les fléaux qui nuisent à la population, perfectionne dans cette vue ses méthodes préservatives, éclaire les tribunaux ; et prête un appui même à la morale; qui distribue sur tous les points de l'Empire des hommes éclairés ; qui joint le courage au savoir, et a aussi son genre d'héroïsme, soit que, compagnon inséparable du métier des armes, au sein des combats, il vole dans les rangs pour secourir les victimes du plus noble dévouement, soit qu'environné de dangers plus grands encore, ferme au milieu du deuil et de la consternation générale, il affronte ces grandes contagions qui dépeuplent la terre, et brave cet invisible ennemi dont le souffle est celui de la mort. A ce tableau, vous reconnoîtrez cet art également cher aux sciences et à l'humanité ; cet art puissant et consolateur qui mérita toujours des hommages, et qui, revivifié par les soins du Gouvernement, multipliera ses secours, et doublera ses bienfaits.

La section de l'intérieur vous propose de voter l'adoption du projet.

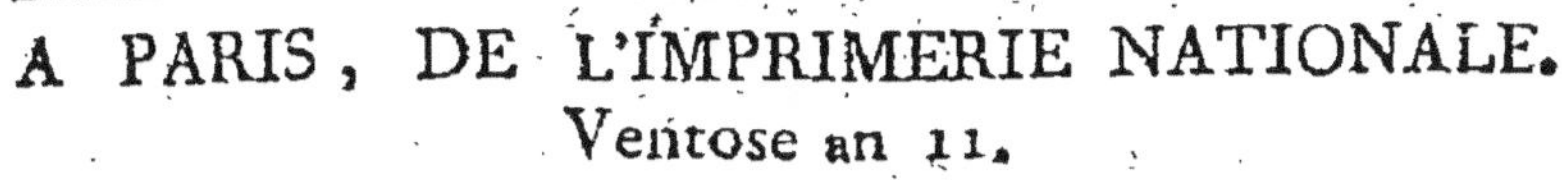

A PARIS, DE L'IMPRIMERIE NATIONALE.
Ventose an 11.

www.ingramcontent.com/pod-product-compliance
Lightning Source LLC
LaVergne TN
LVHW010327230826
846091LV00009B/3779

9782016193013